BEI GRIN MACHT SICH IHR WISSEN BEZAHLT

- Wir veröffentlichen Ihre Hausarbeit,
  Bachelor- und Masterarbeit

- Ihr eigenes eBook und Buch -
  weltweit in allen wichtigen Shops

- Verdienen Sie an jedem Verkauf

Jetzt bei www.GRIN.com hochladen
und kostenlos publizieren

Sascha Bluhme

Umgang mit Deadlocks

GRIN Verlag

Bibliografische Information der Deutschen Nationalbibliothek:

Die Deutsche Bibliothek verzeichnet diese Publikation in der Deutschen National-
bibliografie; detaillierte bibliografische Daten sind im Internet über http://dnb.d-
nb.de/ abrufbar.

Impressum:

Copyright © 2009 GRIN Verlag GmbH
Druck und Bindung: Books on Demand GmbH, Norderstedt Germany
ISBN: 978-3-656-40614-3

Dieses Buch bei GRIN:

http://www.grin.com/de/e-book/129923/umgang-mit-deadlocks

GRIN - Your knowledge has value

Der GRIN Verlag publiziert seit 1998 wissenschaftliche Arbeiten von Studenten, Hochschullehrern und anderen Akademikern als eBook und gedrucktes Buch. Die Verlagswebsite www.grin.com ist die ideale Plattform zur Veröffentlichung von Hausarbeiten, Abschlussarbeiten, wissenschaftlichen Aufsätzen, Dissertationen und Fachbüchern.

Besuchen Sie uns im Internet:

http://www.grin.com/

http://www.facebook.com/grincom

http://www.twitter.com/grin_com

Umgang mit Deadlocks

Sascha Bluhme

Zusammenfassung: In dieser Seminararbeit wird der Umgang mit Deadlocks behandelt. Zuerst geht es um die Definition und Beschreibung von Deadlocks und Ressourcen. Was ist ein Deadlock, wie entstehen sie, wie können diese vermieden, verhindert, erkannt und behoben werden. Welche Bedingungen müssen erfüllt sein, damit sie überhaupt entstehen können und wie modelliert man Abhängigkeiten, um Deadlock-Situationen erkennen oder darstellen zu können. Zum Schluss werden noch kurz mit Deadlocks verwandte Probleme beschrieben.

1 Einleitung

Deadlocks können in verschiedenen Situationen und in verschiedenen Umgebungen auftreten. Manchmal merken wir gar nicht, wie wir Deadlock-Situationen meistern. Wenn vier Autos gleichzeitig an einer gleichrangigen Straßenkreuzung ankommen, entsteht bereits ein Deadlock, weil jedes Auto das Vorfahrtsrecht gegenüber dem linken Auto hat und dem rechten Auto Vorfahrt gewähren muss. Diesen Deadlock lösen wir im Alltag, indem wir uns durch Zeichen mit den anderen Verkehrsteilnehmern abstimmen. In Maschinen, Automaten, Computern o.ä. ist es derzeit mangels Kreativität selten möglich, eigene Lösungen erarbeiten zu lassen. Wie man mit Deadlocks umgeht, wie man sie vermeidet, unmöglich macht, verhindert oder auflöst, wird in dieser Seminararbeit behandelt werden.

Am Ende wird sich die Frage stellen, ob sich für Deadlocks in Computern ebenso Lösungen finden lassen, wie an der Autokreuzung.

Um den Umfang der Seminararbeit in Grenzen zu halten, betrachte ich nur die grundlegenden Algorithmen und klammere diejenigen aus, welche Lösungsansätze liefern, wenn es für einen Typ von Ressourcen mehrere Instanzen gibt.

Bei meiner Recherche ist mir aufgefallen, dass ein sehr großer Teil an Veröffentlichungen, welche sich mit diesem Thema auseinandersetzen, auf den Ausführungen von Andrew S. Tanenbaum basieren. So bin ich auch der Literaturempfehlung meines Dozenten gefolgt und halte mich ebenfalls überwiegend an die Ausführungen der Originalquelle, „Moderne Betriebssysteme" von Andrew S. Tanenbaum.

2 Ressourcen und Deadlocks

2.1 Definition und Beschreibung von Deadlocks

„Deadlocks entstehen, wenn Prozessen das alleinige Zugriffsrecht auf Geräte, Dateien oder Ähnliches[, allgemein Ressourcen,] erteilt wird."[1]

Durch den exklusiven Zugriff auf Ressourcen kann die Situation entstehen, dass ein Prozess A Ressourcen exklusiv anfordert und bindet und eine weitere Ressource anfordert, welche aber bereits durch Prozess B verwendet wird. Wenn Prozess B fertig ist, gibt er die Ressource wieder frei und Prozess A kann weiterarbeiten. Ein Deadlock entsteht erst, wenn der Prozess B an der Abarbeitung und damit der Freigabe seiner gebundenen Ressourcen gehindert wird, weil Prozess A eine für ihn benötigte Ressource bindet. Prozess A wiederum wartet auf eine durch Prozess B belegte Ressource. Somit warten beide Prozesse jeweils auf die Freigabe der Ressource durch den anderen Prozess, um jeweils weiterarbeiten zu können. Mit diesem Beispiel kann die einfachste Deadlock-Situation beschrieben werden, weil die Prozesse in direkter Abhängigkeit zueinander stehen. In einer formalen Definition beschreibt Tanenbaum Deadlocks wie folgt:

---

[1] Tanenbaum, A. (2002), S. 178.

„Eine Menge von Prozessen befindet sich in einem Deadlock-Zustand, wenn jeder Prozess aus der Menge auf ein Ereignis wartet, das nur ein anderer Prozess aus der Menge auslösen kann."[2]

Schließlich können auch Deadlocks in indirekter Abhängigkeit entstehen, also durch eine Kette von Abhängigkeiten, wie in Abbildung 1.

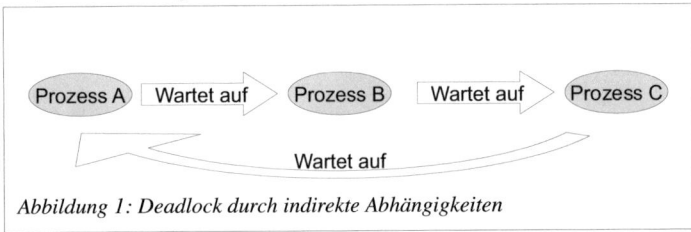

Abbildung 1: Deadlock durch indirekte Abhängigkeiten

Natürlich ließen sich noch viel kompliziertere Abhängigkeiten darstellen.

2.2 Unterbrechbare/ununterbrechbare Ressourcen

Bei der Entstehung und Behandlung von Deadlocks muss man zuerst die Ressourcen in unterbrechbare und ununterbrechbare Ressourcen unterteilen. Unterbrechbare Ressourcen sind z.b. der Prozessor und der Hauptspeicher. Ununterbrechbare Ressourcen sind z.b. Drucker, Scanner, CD-Brenner, deren Unterbrechung bzw. das Entziehen der Ressource nicht möglich ist, ohne das Arbeitsergebnis, z.b. einen CD-Rohling, zu zerstören. Deadlocks stehen immer im Zusammenhang mit ununterbrechbaren Ressourcen, denn wenn unterbrechbare Ressourcen an einem Deadlock beteiligt wären, ließe sich dieser normalerweise durch eine Neuzuweisung der Ressource beheben.[3]

2.3 Anforderung von Ressourcen

Wenn Ressourcen verwendet werden, besteht deren Nutzung immer aus den Teilschritten:

1. anfordern
2. benutzen
3. freigeben.[4]

Benötigt ein Prozess Ressourcen, wird er immer alle drei Teilschritte ausführen, insbesondere Schritt 3 darf nicht vergessen werden. Benötigen mehrere Prozesse(P1, P2) mehrere Ressourcen(R1, R2) und allokieren diese in derselben Reihenfolge P1(R1, R2), P2(R1,R2), kann es nicht zu einer Verklemmung kommen, da die Ressourcen hintereinander allokiert werden. Der Tabelle 1 kann man entnehmen, wie durch die gleiche Reihenfolge eine wechselseitige Allokierung beider Ressourcen verhindert wird, da R1 und R2 immer nur von einem der beiden Prozesse gleichzeitig allokiert werden kann.

[2] Tanenbaum, A. (2002), S. 181.
[3] Vgl. ebenda, S. 178.
[4] Vgl. ebenda, S.179.

Allokierungs-reihenfolge	R1,R2 P1	R1,R2 P2	R 1	R 2
Schritt 01	R1 anf.	R1 anf.	frei	frei
Schritt 02	R1 blgt.	R1 anf.	P1	frei
Schritt 03	R2 anf.	R1 anf.	P1	frei
Schritt 04	R2 blgt.	R1 anf.	P1	P1
Schritt 05	R1 ben.	R1 anf.	P1	P1
Schritt 06	R2 ben.	R1 anf.	P1	P1
Schritt 07	R2 frei	R1 anf.	P1	frei
Schritt 08	R1 frei	R1 anf.	frei	frei
Schritt 09	fertig	R1 blgt.	P2	frei
Schritt 10	fertig	R2 anf.	P2	frei
Schritt 11	fertig	R2 blgt.	P2	P2
Schritt 12	fertig	R1 ben.	P2	P2
Schritt 13	fertig	R2 ben.	P2	P2
Schritt 14	fertig	R2 frei	P2	frei
Schritt 15	fertig	R1 frei	frei	frei
Schritt 16	fertig	fertig	frei	frei

Tabelle 1: Ressourcenanforderung
P1(R1,R2) und P2(R1,R2) (kein Deadlock)

Allokierungs-reihenfolge	R1,R2 P1	R2,R1 P2	R 1	R 2
Schritt 01	R1 anf.	R2 anf.	frei	frei
Schritt 02	R1 blgt.	R2 blgt.	P1	P2
Schritt 03	R2 anf.	R1 anf.	P1	P2
DEADLOCK	R2 anf.	R1 anf.	P1	P2
DEADLOCK	R2 anf.	R1 anf.	P1	P2
DEADLOCK	R2 anf.	R1 anf.	P1	P2

Tabelle 2: Ressourcenanforderung
P1(R1,R2) und P2(R2,R1) (Deadlock)

Dagegen kann man der Tabelle 2 entnehmen, dass es in der Konstellation, in welcher gleichzeitig R1 und R2 angefordert werden, sehr wohl ein Deadlock möglich ist. Im Schritt 02 werden die Ressourcen R1 und R2 jeweils dem anderen Prozess zur Verfügung gestellt und nun warten beide Prozesse im Schritt 03 auf die Freigabe der wechselseitig belegten Ressourcen. Dieser kleine Unterschied im Programmierstil kann bereits große Auswirkungen auf die Stabilität der Programme haben. Wenn man sich die Tabelle 1 genauer ansieht, erkennt man auch eine erste Schwäche dieses Vorgehens: Die Parallelität der Prozesse leidet darunter. Das Problem würde sich mit jeder weiteren gleichzeitig benötigten Ressource noch verschärfen.[5]

2.4 Vorraussetzungen für Deadlocks

„Nach Coffman et al. (1971) müssen für einen Deadlock folgende vier Voraussetzungen erfüllt sein:

1. Wechselseitiger Ausschluss: Jede Ressource ist entweder verfügbar oder genau einem Prozess zugeordnet.

2. Hold-and-wait-Bedingung: Prozesse, die schon Ressourcen reserviert haben, können noch weitere Ressourcen anfordern.

3. Ununterbrechbarkeit: Ressourcen, die einem Prozess bewilligt wurden, können diesem nicht gewaltsam wieder entzogen werden. Der Prozess muss sie explizit freigeben.

4. Zyklische Wartebedingung: Es muss eine zyklische Kette von Prozessen geben, von denen jeder auf eine Ressource wartet, die dem nächsten Prozess in der Kette gehört.

Alle vier Bedingungen müssen gleichzeitig erfüllt sein, damit ein Deadlock entstehen kann. Wenn eine fehlt, ist ein Deadlock unmöglich."[6]

---

[5] Vgl. Tanenbaum, A. (2002), S. 179-181.
[6] Ebenda, S. 181.

2.5 Modellierung von Deadlocks

Durch Belegungs-Anforderungs-Graphen ist es möglich Deadlocks grafisch darzustellen. Zuerst hat dies Holt (1972) gezeigt. Dafür verwendete er, wie in Abbildung 2, Kreise für Prozessknoten und Quadrate für Ressourcen. Eine Kante bzw. Pfeil von einem Prozessknoten (P1) zu einer Ressource bedeutet, dass eine Ressource von einem Prozess angefordert wurde und von ihm belegt ist. Die umgekehrte Pfeilrichtung (P2) bedeutet, dass ein Prozess auf eine Ressource wartet.[7]

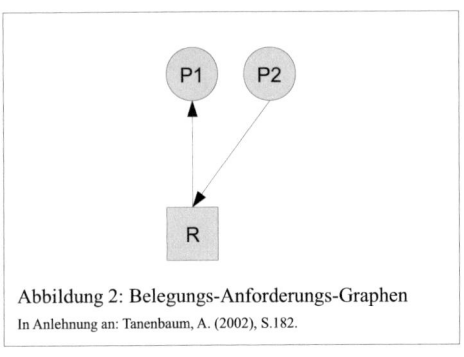

Abbildung 2: Belegungs-Anforderungs-Graphen
In Anlehnung an: Tanenbaum, A. (2002), S.182.

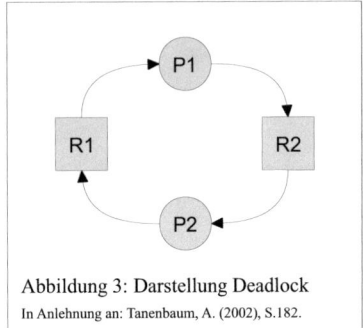

Abbildung 3: Darstellung Deadlock
In Anlehnung an: Tanenbaum, A. (2002), S.182.

In Abbildung 3 ist eine klassische Deadlock-Situation dargestellt. P1 belegt R1 und fordert R2, P2 belegt R2 und fordert R1.

3 Umgang mit Deadlocks

3.1 Deadlock ignorieren

Am einfachsten ist es, gar nichts zu tun und so zu tun, als ob das Problem nicht existiere (Vogel-Strauß-Algorithmus). Dieses Vorgehen macht dann Sinn, wenn die Eintrittswahrscheinlichkeit bzw. die Eintrittshäufigkeit eines Deadlocks geringer ist als die Störung des Systems durch Abstürze wegen eines Programmier-, Compilerfehlers oder wegen Hardwareausfällen oder anderen Fehlerursachen. Denn dann lohnt sich der Aufwand zur Deadlockvermeidung nicht und die damit verbundenen Einbußen in der Geschwindigkeit des Systems.[8] Letztendlich kann die Entscheidung für diese Vorgehensweise auch durch eine Kosten-Nutzen-Analyse getroffen werden und wird auch in Windows und Unix sinnvoll angewendet.

3.2 Deadlocks erkennen und beheben

Mit diesem Konzept will man auch keine Deadlocks verhindern. Viel wichtiger ist hier die Frage, wie erkenne ich diese und wie gehe ich dann mit den Deadlocks um, also wie behebe ich behebe sie. Wie in Abbildung 3 bereits dargestellt, ist ein Deadlock ein Zyklus in einem Belegungs-Anforderungs-Graphen.[9] Tanenbaum beschreibt in seinem Buch einen Algorithmus[10], welcher jeden Knoten einzeln untersucht, indem er ihn als Wurzel eines Suchbaumes behandelt und rekursiv durchläuft. Endet er wieder beim Ursprungsknoten, hat er keinen Zyklus gefunden. Trifft er auf einen Knoten zweimal, endet der Algorithmus und der Deadlock wurde gefunden. Nun kann der Deadlock durch drei Varianten behoben werden.

---

[7] Vgl. Tanenbaum, A. (2002), S. 182.
[8] Vgl. ebenda, S. 185f.
[9] Vgl. http://www.wi.fh-flensburg.de/erkennen_riggert.html, Stand 14.05.2009.
[10] Siehe Tanenbaum, A. (2002), S.187.

Die erste Möglichkeit besteht darin, einem Prozess die Ressource zeitweise zu entziehen und damit anderen Prozessen zur Verfügung zu stellen. In der Realität stellt sich das mehr als schwierig dar und könnte meist nur manuell erfolgen. Durch das Entziehen der Ressource wird entweder das Teilergebnis eines Prozesses verworfen oder der Prozess muss an dieser Stelle wieder manuell aufgesetzt und fortgesetzt werden. Als Beispiel nennt Tanenbaum einen Drucker an einem Mainframe, dessen Druckauftrag eines Batchlaufes unterbrochen und danach manuell wieder aufgesetzt wird.[11]

Die zweite Möglichkeit besteht darin, Checkpoints zu setzen. Läuft der Prozess in einen Deadlock, wird die Arbeit unterbrochen und der Prozess wird in einen Zustand zurückgesetzt, bei dem er die Ressource noch nicht benötigt hatte. Die Arbeit seit diesem Checkpoint wird verworfen und geht verloren. Die Ressource geht an einen anderen Prozess. Der zurückgerollte Prozess wartet nun wieder auf die Freigabe der Ressource. Dieses Vorgehen nennt man „Behebung durch teilweise Wiederholung" oder auch „Rollback".[12]

Eine Behebung durch Prozessabbruch ist das Dritte und „einfachste" Verfahren, einen Deadlock zu lösen. Zuerst sollten Prozesse beendet werden, die die benötigten Ressourcen freigeben und ohne Nebenwirkungen neu gestartet werden können. Ein Prozess, der Daten ändert und in eine Datei oder Datenbank schreibt und diese vielleicht Berechnungen durchführt o.ä., kann nicht so leicht gestoppt werden, da ein Neustart zu falschen Ergebnissen führen würde.[13]

Alle drei Varianten sind nur sehr beschränkt tauglich Deadlocks zu lösen. Hinzu kommt das Risiko, dass ein Prozess verhungert, weil er immer wieder unterbrochen wird und so seine Arbeit nicht erledigen kann.

3.3 Deadlocks verhindern

Man kann Deadlocks verhindern, wenn mindestens zwei Bedingungen erfüllt sind. Erstens muss vorab bekannt sein, welcher Prozess welche Ressourcen nutzen wird und diese müssen vom Scheduler so zugeteilt werden, dass die Belegungszustände immer sicher sind. Sicher ist ein Belegungszustand dann, wenn es eine Folge von Ressourcenzuteilungen gibt, welche sicherstellt, dass alle Prozesse zu Ende laufen können.

	nutzt	max.		nutzt	max.		nutzt	max.		nutzt	max.		nutzt	max.
A	3	9	A	3	9	A	3	9	A	3	9	A	3	9
B	2	4	B	4	4	B	0	-	B	0	-	B	0	-
C	2	7	C	2	7	C	2	7	C	7	7	C	0	-
Frei:	3		Frei:	1		Frei:	5		Frei:	0		Frei:	7	
(a)			(b)			(c)			(d)			(e)		

Abbildung 4: Nachweis, dass der Zustand (a) sicher ist.

In Abbildung 4 ist 4a sicher, weil die Abfolge der Zuteilung der Ressourcen so vorgenommen werden kann, dass alle Prozesse zu Ende laufen können.

Wie die selbe Konstellation zu einem unsicheren Zustand führt, ist in der Abbildung 5 zu sehen. Der Scheduler weist in 5b dem Prozess A eine weitere Ressource zu und versetzt damit das System in einen unsicheren Zustand. In 5c ist zu erkennen, dass Zuweisung von A oder C auch nicht geholfen hätte, das Problem zu lösen. Der unsichere Zustand ist in 5b eingetreten. Dort hätte A keine weitere Ressource erhalten dürfen.[14]

---

[11] Vgl. Tanenbaum, A. (2002), S. 191.
[12] Vgl. ebenda, S. 191f.
[13] Vgl. ebenda, S. 192.
[14] Vgl. ebenda, S.194f.

	nutzt	max.			nutzt	max.			nutzt	max.			nutzt	max.
A	3	9		A	4	9		A	4	9		A	4	9
B	2	4		B	2	4		B	4	4		B	0	-
C	2	7		C	2	7		C	2	7		C	2	7
Frei:	3			Frei:	2			Frei:	0			Frei:	4	
	(a)				(b)				(c)				(d)	

Abbildung 5: Nachweis, dass der Zustand (a) sicher ist.

Quelle: Entnommen aus: Tanenbaum, A. (2002), S.194.

Der Bankier-Algorithmus ist ein Scheduling-Algorithmus, welcher auf Dijkstra (1965) zurückgeht. Dieser Algorithmus ist eine Erweiterung des Algorithmus, welcher Deadlocks erkennen soll und bereits in Kapitel 3.2 erwähnt wurde. Ein unsicherer Zustand führt nicht zwangsläufig zu einem Deadlock, dennoch prüft der Bankier-Algorithmus bei jeder Anforderung, ob die Ressourcenzuteilung das System in einen unsicheren Zustand versetzen würde. Wäre das der Fall, würde die Anforderung verschoben werden. Seinen Namen hat der Algorithmus aus dem Vergleich mit einem fiktiven Bankier in einer Kleinstadt. Dieser Bankier vergibt demnach seinen Kunden mehr Kreditrahmen als er an Geldeinheiten als Summe der Kredithöchstgrenze zur Verfügung hat, in der Erwartung, dass nicht alle Kunden sofort den Kredithöchstrahmen ausschöpfen.[15] Das Prinzip ist wie das gerade beschriebene. Er darf niemals Kreditanfragen freigeben, welche das System in einen unsicheren Zustand überführen würden.[16]

3.4 Deadlocks vermeiden

Ein Vorteil des Bankiers ist es vorher zu wissen, wie viele Ressourcen seine Kunden anfordern werden. In der Realität eines Betriebssystems sieht das anders aus. In Kapitel 2.4 sind die vier Voraussetzungen beschrieben, die alle vorliegen müssen, damit ein Deadlock überhaupt entstehen kann. Wenn es möglich ist, eine der vier Bedingungen unmöglich zu machen, lassen sich Deadlocks vermeiden.

Der **Angriff auf wechselseitigen Ausschluss** verhindert, dass zwei oder mehr Prozesse eine Ressource anfordern können. Stattdessen kann nur ein Prozess eine Ressource verwalten. Dieses Konzept wird z.B. mit einem Drucker-Dämon als Drucker-Spool realisiert und soll dafür sorgen, dass möglichst wenige Prozesse Ressourcen selbst anfordern können. Aber auch mit einem Drucker-Spool ist ein Deadlock möglich, wenn zwei Prozesse ihre Druckaufträge jeweils zur Hälfte abgeben und dann der Drucker-Spool voll ist. I.d.R. beginnt ein Drucker-Dämon erst mit dem Drucken, wenn der Druckauftrag vollständig vorliegt. Beide Prozesse würden auch hier auf das Ende des jeweils anderen Druckauftrages warten und in einem Deadlock verharren.[17]

Verlangt man von jedem Prozess, dass er alle Ressourcen am Anfang belegt, wäre ein **Angriff auf die hold-and-wait-Bedingung** möglich. Bekommt der Prozess nicht alle Ressourcen, müsste er alle wieder freigeben und warten, bis alle Ressourcen gleichzeitig zur Verfügung stehen. Mit dem Wissen, könnte man aber auch den Bankier-Algorithmus anwenden. In der Realität wissen die Prozesse aber nicht im Voraus ihre Ressourcen-Belegung. Außerdem würden gerade bei lang laufenden Prozessen Ressourcen unnötige lange blockiert, obwohl der Prozess diese erst viel später benutzt. Eine kleine Verbesserung dieses „Angriffs" ist möglich, wenn der Prozess bei Anforderung einer neuen Ressource, erst alle Ressourcen freigibt und dann wieder anfordert. So hätten andere Prozesse die Gelegenheit, aus einer Verklemmung befreit zu werden.[18]

„Der Angriff auf die dritte Bedingung (**Ununterbrechbarkeit**) verspricht noch weniger Erfolg als der auf die zweite. Einem Prozess gewaltsam einen Drucker zu entziehen, auf dem er gerade etwas ausdruckt, ist bestenfalls schwierig und schlimmstenfalls unmöglich."[19]

---

[15] Vgl. Tanenbaum, A. (2002), S.194ff.und Quelle: http://www.wi.fh-flensburg.de/banker_beispiel_rigger-t.html, Stand 14.05.2009.

[16] Siehe Tanenbaum, A. (2002), S. 195ff.

[17] Vgl. ebenda, S.198f.

[18] Vgl. ebenda, S.199.

[19] Ebenda, S. 199.

Der **Angriff auf die zyklische Wartebedingung** ist die letzte Bedingung für Deadlocks. Dagegen gibt es zwei Hauptstrategien. Erlaubt man jedem Prozess nur die Belegung einer Ressource, ist kein Zyklus im Belegungs-Anforderungs-Graphen möglich. Verlangt der Prozess eine weitere, muss er zuerst die bereits belegte wieder freigeben. Wie schwierig das in der Realität ist, kann man ableiten, wenn man sich den Kopiervorgang von einem USB-Stick zu einer Festplatte vorstellt. Wenn die Daten nicht in einem Vorgang komplett eingelesen werden können und nur ein Teil auf die Festplatte gelangt, wäre es möglich, dass der Rest durch einen anderen Prozess zwischenzeitlich gelöscht werden könnte. Der Kopiervorgang wäre unzuverlässig.

Eine weitere Strategie könnte sein, dass alle Ressourcen hierarchisch durchnummeriert werden. Immer wenn ein Prozess Ressourcen anfordern, müssen sie das alle in der selben Reihenfolge tun. Dadurch können Prozesse nie eine Ressource verlangen, die bereits vergeben sind. Sollte er eine belegte Ressource mit höherer Nummer verlangen, muss er warten, bis diese wieder frei ist und kann dann durchlaufen. Dadurch entsteht eine Reihenfolge, in der Prozesse zu Ende laufen können. Statt von den Prozessen zu fordern, dass diese in einer bestimmten Reihenfolge die Ressourcen anfordern, kann man das dadurch leicht abwandeln, wenn Prozesse nie Ressourcen anfordern, welche eine kleinere Nummer haben, als die bereits belegten Ressourcen. Benötigt also ein Prozess R1 und hat bereits R5 belegt, muss er zuerst R5 freigeben. So wird auch die Reihenfolge gewährleistet und ein Zyklus verhindert.[20] „Obwohl das Durchnummerieren der Ressourcen das Problem der Deadlocks beseitigt, könnte es unmöglich sein, eine Ordnung zu finden, mit der jeder zufrieden ist. Es gibt so viele verschiedene Anwendungsmöglichkeiten und Ressourcen, z. B. Prozesstabelleneinträge, gesperrte Datensätze und andere abstrakte Ressourcen, dass keine Ordnung für jeden funktionieren würde. '[21]

Zustand	Versuch
Wechselseitig	Alles spoolen
Hold-and-Wait	Ressourcen zu Beginn anfordern
Ununterbrechbar	Ressourcen wegnehmen
Zyklisches Warten	Ressourcen nummerieren

Abbildung 6: Ansätze zur Deadlock-Vermeidung.
Quelle: Entnommen aus: Tanenbaum, A. (2002), S.201.

Die Abbildung 6 gibt noch einmal einen Überblick über die vier Vermeidungsstrategien.

4 Mit Deadlocks verwandte Probleme

Deadlocks können auch ohne Ressourcen entstehen, wenn z.B. zwei Prozesse gegenseitig darauf warten, dass der andere Prozess oder Thread etwas unternimmt. Gerade bei Synchronisationen von sonst parallelen Programmabschnitten und der Verwendung von Semaphoren, können genauso Deadlocks entstehen.

Das Verhungern kann z.B. durch die Verhinderung/Vermeidung von Deadlocks entstehen oder wenn ein Scheduler das Prinzip Shortest-Job-First, anwendet. In allen Fällen kann es passieren, dass die Ausführung eines Prozesses ständig hintenangestellt wird. Obwohl dieser sich in keiner Deadlock-Situation befindet, kann er ebenfalls seine Arbeit nicht beenden.[22]

Livelocks entstehen, wenn zwei oder mehrere Prozesse nicht in ihrem Zustand verharren, sondern zwischen den Zuständen wechseln, aber aus denen nicht mehr entkommen können, um ihre Arbeit zu erledigen. Auch sie können zu keinem Ergebnis kommen.[23]

---

[20] Vgl. Tanenbaum, A. (2002), S. 199ff.
[21] Ebenda, S. 200.
[22] Vgl. ebenda, S. 201f.
[23] Vgl. Quelle: http://de.wikipedia.org/wiki/Livelock#Livelock, Stand 14.05.2009.

5 Fazit

Obwohl das Thema Deadlocks bereits seit den 60ern des letzten Jahrhunderts erforscht wurde und kaum neue Ergebnisse hervorbringt, ist es vielleicht ein wenig überraschend, dass es kein Allheilmittel gibt. Vollständig ergründet sind die Bedingungen, welche erfüllt sein müssen, damit Deadlocks überhaupt auftreten können. Jede der Strategien ist auf ihre Weise wirksam und mit Nachteilen behaftet, hat Schwächen und Einschränkungen. Wie in den vergangenen Kapiteln ausgeführt, ist die Lösung für Deadlocks nicht so einfach wie das eingangs erwähnte Problem an der Autokreuzung. Nicht nur das, es gibt auch noch zusätzlich mit Deadlocks verwandte Probleme, die ähnliche Auswirkung haben und eine Beendigung von Prozessen behindern können.

Literaturverzeichnis

[1] Tanenbaum, A. (2002): Tanenbaum, Andrew,: Moderne Betriebssysteme., München, 2002, 1024